BEI GRIN MACHT SICH IHR WISSEN BEZAHLT

- Wir veröffentlichen Ihre Hausarbeit, Bachelor- und Masterarbeit

- Ihr eigenes eBook und Buch - weltweit in allen wichtigen Shops

- Verdienen Sie an jedem Verkauf

Jetzt bei www.GRIN.com hochladen und kostenlos publizieren

Bibliografische Information der Deutschen Nationalbibliothek:

Die Deutsche Bibliothek verzeichnet diese Publikation in der Deutschen National-
bibliografie; detaillierte bibliografische Daten sind im Internet über http://dnb.d-
nb.de/ abrufbar.

Impressum:

Copyright © 2010 GRIN Verlag, Open Publishing GmbH
Druck und Bindung: Books on Demand GmbH, Norderstedt Germany
ISBN: 9783656860754

Dieses Buch bei GRIN:

http://www.grin.com/de/e-book/147105/jacqueline-auriol-sie-durchbrach-als-erste-
europaeerin-die-schallmauer

Ernst Probst

Jacqueline Auriol. Sie durchbrach als erste Europäerin die Schallmauer

GRIN Verlag

Ernst Probst

Jacqueline Auriol

Sie durchbrach
als erste Europäerin
die Schallmauer

Jacqueline Auriol (1917–2000)
und dem Luftfahrt-Experten
Dr. Dave Lam
aus Everberg in Belgien
gewidmet

Jacqueline Auriol (1917–2000)
Foto: Archiv von Dr. Dave Lam aus Everberg in Belgien

Die erste Europäerin, die schneller als der Schall flog, war die französische Pilotin Jacqueline Auriol (1917–2000), geborene Jacqueline Marie-Thérèse Suzanne Douet. Sie stellte etliche Weltrekorde für Frauen auf und war mehrfach – abwechselnd mit der Amerikanerin Jacqueline Cochran – „die schnellste Frau der Welt". Außerdem galt sie als erste Testpilotin in Frankreich und international als eine der besten Pilotinnen.

Jacqueline Marie-Thérèse Suzanne Douet wurde am 5. November 1917 in Challans im französischen Département Vendée geboren. Die kleine Stadt liegt am Golf von Biskaya (französisch: „Golfe de Cascogne"), einer Bucht des Atlantischen Ozeans, die sich entlang der Nordküste Spaniens und der Westküste Frankreichs erstreckt. Sie hat heute knapp 19.000 Einwohner. Früher waren es nur wenige tausend Einwohner. Erst innerhalb der letzten 50 Jahre hat sich die Einwohnerzahl verdreifacht.

Jacqueline war die Tochter des begüterten Holzhändlers und Schiffbauers Pierre Douet (1888 geboren) und seiner Ehefrau Suzanne Chevy. Ihr Vater importierte Holz aus Skandinavien. Ihr älterer Bruder André kam drei Jahre vor ihr zur Welt.

Jacqueline besuchte die katholische Klosterschule „Blanche-de-Castille" in der Großstadt Nantes im Westen von Frankreich sowie die Schule „College Lycée Prives Notre-Dame-de-Sion" in Paris. An der „École du Louvre", einer Hochschule für Kunstgeschichte, Archäologie, Epigraphik und Museologie in Paris, studierte sie Kunst. An Wochenenden fuhr sie gern Ski in den französischen Alpen.

Durch einen Freund, der Ski-Champion war, lernte Jacqueline Douet den in Toulouse geborenen Studenten Paul Auriol (1918–1992) kennen und lieben. Weil ihre Familien unter-

Vinzenz Auriol (1884–1966),
16. Präsident der „Französischen Republik" von 1947 bis 1954,
Foto: Agence Meurisse (domaine public, voir fiche détaillée Gallica),
(This image from the National Library of France (BnF)
is a reproduction by scanning of a bidimensional work
that is now in the public domain (PD-scan).
For this reason, it is in the public domain.)

schiedlichen Gesellschaftsschichten angehörten – die Auriol waren Sozialisten, die Douet dagegen Kapitalisten – lehnten die Eltern eine Heirat ab. Hierfür seien die Beiden auch zu jung, hieß es. Vinzenz Auriol (1884–1966), der Vater von Paul Auriol, fun-gierte 1936/1937 als Finanzminister und 1937 als Justizmi-nister.

Jacqueline wurde 1936 von ihrer Familie nach Schweden geschickt. Paul reiste fern von ihr in Italien umher. Doch die Liebe war stärker. Im Februar 1938 heiratete die 20-jährige Jacqueline dann doch den fast gleichaltrigen Paul Auriol. Aus dieser Ehe gingen 1938 der Sohn Jean-Claude und 1941 der Sohn Jean-Paul hervor.

Nach dem Ausbruch des Zweiten Weltkrieges kämpfte Paul Auriol, der Ehemann von Jacqueline Auriol, für die französische Widerstandsbewegung („Resistance"). Jacqueline weigerte sich, ihr Heimatland zu verlassen, versteckte sich vor den deutschen Besatzern, nahm eine falsche Identität an und lebte fortan gefährlich.

1940 sprach sich Vincent Auriol nach dem deutschen Überfall und der militärischen Niederlage von Frankreich gegen die Kapitulation aus und votierte gegen die Ermächtigung von Marschall Pétain (1856–1951), als „Chef de l'État français" in Vichy das vollständig von der Besatzungsmacht abhängige, autoritäre Vichy-Regime zu errichten. Auriol wurde – ebenso wie Leon Blum (1872–1950), den man später nach Deutschland deportierte – zunächst interniert, schloss sich der „Résistance" an und entkam 1943 zu de Gaulle, dem Chef des „Freien Frankreich" in London.

1943 und 1944 gehörte Vincent Auriol der provisorischen Nationalversammlung in Algier und – nach der Befreiung – in Paris an. 1945 wurde er Staatsminister und stellvertretender

Ministerpräsident unter General Charles de Gaulle (1890–1970). Er vertrat Frankreich bei den Vereinten Nationen und wurde im Januar 1946 Präsident der konstituierenden Nationalversammlung.

Nach Inkrafttreten der neuen Verfassung wurde Vincent Auriol am 16. Januar 1947 von beiden Parlamentskammern im ersten Wahlgang mit den Stimmen der Linksparteien zum ersten Präsidenten der „Vierten Republik" und der (nach dem Vorbild des britischen „Commonwealth of Nations" neu geschaffenen) „Französischen Union" („Union française") gewählt. Er amtierte von 1947 bis 1954 als 16. Präsident der „Französischen Republik" bzw. als erster Präsident der „Vierten Republik" (1946–1958) und der „Französischen Union", die bis 1966 Bestand hatte. Die „Französische Union" war der Versuch der Neuorganisierung des französischen Kolonialreichs nach dem Zweiten Weltkrieg. Sie bestand aus der Französischen Republik" und den „Assoziierten Staaten" sowie „Assoziierten Territorien".

Die Ehefrau von Vincent Auriol, Mutter von Paul Auriol und Schwiegermutter von Jacqueline Auriol hieß Michelle Auriol (1896–1979). Jacqueline galt in den 1940-er Jahren als eine der schönsten und elegantesten Frauen von Paris

1947 begegnete die 29-jährige Jacqueline Auriol bei einem Dinner im Präsidentenpalais dem französischen Flieger Raymond Guillaume. Er schwärmte: „Beim Fliegen bleibt alles am Boden zurück. Es gibt nur zwei Dinge dort oben: Leben und Tod". Seine Worte fielen bei der zweifachen Mutter auf fruchtbaren Boden. Denn die Begegnungen mit Mitgliedern der High Society, ihre Arbeit als Presse-Sekretärin des Präsidenten und Repräsentationspflichten an der Seite ihres Mannes, der als Pressesprecher seines Vater arbeitete, füllten sie nicht aus. Die Kinder waren bereits dem Babyalter entwachsen.

Nach einem Flug mit Raymond Guillaume entschloss sich Jacqueline Auriol, selbst das Fliegen zu lernen. Ihr Gatte, der früher selbst Kampfflieger gewesen war, zeigte sich von dieser Idee begeistert, ihr Schwiegervater dagegen weniger. Nach langweiligem theoretischem Unterricht unternahm der Pilot Jacques André mit Jacqueline Auriol als Schülerin einen etwa 20 Minuten dauernden Flug. Auf dem kleinen Flugplatz von St. Cyr erhielt Jacqueline am 10. März 1948 ihre erste Fluglizenz mit der Nummer 18754. Am 26. April 1948 erwarb sie auf dem Flugplatz in Villacoublay bei Paris ihre zweite Fluglizenz. Bevor Raymond Guillaume ihr danach Unterricht im Kunstflug gab, musste erst ihr Schwiegervater schriftlich zustimmen. Zwischen 1948 und 1954 qualifizierte sich Jacqueline für sechs verschiedene Pilotenscheine für sämtliche Flugzeugtypen sowie für den Segelflugschein und Kunstflugschein. Die frischgebackene Pilotin beteiligte sich an einem Flugwettbewerb zwischen Algier (Algerien) und Dakar (Senegal) in Afrika

Am 8. Juli 1949 startete Jacqueline Auriol bei einer Stunt-Vorstellung in Paris vor rund 30.000 Zuschauern/innen als einzige Frau unter 20 männlichen Kunstfliegern. Nach diesem erfolgreichen Auftritt als tollkühne Luftakrobatin verlieh man ihr den respektvollen Spitznamen „La Lionne" („die Löwin").

Nur drei Tage später stürzte am 11. Juli 1949 der Prototyp des zweimotorigen Wasserflugzeuges „SCAN-30" mit dem Piloten Paul Mingam sowie Jacqueline Auriol und Raymond Guillaume an Bord in die Seine. Alle drei Insassen überlebten das Unglück. Mingam erlitt eine Gehirnerschütterung, Guillaume einige Rippenbrüche und Jacqueline schwere Gesichtsverletzungen.

Jacqueline Cochran (1906–1980)
im Jahre 1940
Foto: U.S. Air Force

Jeder Knochen ihres Gesichts, einschließlich des Ober- und Unterkiefers, war gebrochen. Zeitungen berichteten, die schönste Frau in Paris würde dauerhaft entstellt bleiben. Doch diese schreckliche Befürchtung traf nicht ein.

Jacqueline Auriol musste eine Stahlmaske tragen, monatelang flüssig ernährt werden und fast anderthalb Jahre in Kliniken verbringen. Um sich von den Unfallfolgen abzulenken, studierte die ans Bett gefesselte und im Gesicht entstellte Jacqueline eifrig Aeronautik, Algebra und Trigonometrie. In den USA gelang es Schönheitschirurgen, innerhalb von zwei Jahren mit insgesamt 22 Eingriffen das ehedem liebreizende und photogene Gesicht wiederherzustellen. Anfangs erkannten selbst ihre eigenen zwei Kinder sie nicht mehr. Später erzählte Jacqueline, sie sei sich zwölf Jahre lang beim Blick in den Spiegel fremd vorgekommen.

1950 qualifizierte sich Jacqueline Auriol im französischen Flug-Test-Zentrum in Bretigny-sur-Orge bei Paris als militärische Testpilotin. Zwischen zwei Aufenthalten in einer Klinik in den USA absolvierte Jacqueline 1951 im Werk „Bell Aircraft" in New York innerhalb von vier Wochen ihr Diplom als Hubschrauberpilotin. Per Hubschrauber überflog sie auch die Niagara-Wasserfälle.

Während ihres Aufenthaltes in den USA hatte Jacqueline Auriol die amerikanische Fliegerin Jacqueline Cochran (1906–1980), verheiratete Odlum, kennen gelernt und sich mit ihr angefreundet. Die aus einfachen Verhältnissen stammende Pilotin Cochran stellte im Laufe ihres Lebens insgesamt 58 Flugrekorde auf und galt bis zu ihrem Tod immer wieder zeitweise als „schnellste Frau der Welt".

Offenbar schämte sich Jacqueline Cochran wegen ihrer einfachen Herkunft. In vielen Artikeln und Büchern heißt es fälschlicherweise, sie sei zwischen 1906 und 1910 in der Gegend von Pensacola (Florida) zur Welt gekommen. Ihr genaues Geburtsdatum sei nicht bekannt. Sie sei als Findelkind in großer Armut bei Pflegeeltern aufgewachsen, die ein Wanderleben führten. Den Namen Jacqueline Cochran habe sie aus dem Telefonbuch gewählt. Ihre angeblichen Stiefeltern und Stiefgeschwister hätten sie „Jackie" gerufen.

Doch die Menschen, die als Stiefeltern und als Stiefgeschwister von „Jackie" bezeichnet werden, waren in Wirklichkeit ihre richtigen Eltern und ihre leiblichen Geschwister. Offenbar wollte „Jackie" vor der Öffentlichkeit die ersten Kapitel ihres Lebens verheimlichen, was ihr zu Lebzeiten auch gelang.

In der Literatur kursieren zahlreiche phantasievolle Geschichten über die Kindheit von Jacqueline Cochran. Ihr Zuhause soll zeitweise eine baufällige Hütte ohne Fensterscheiben gewesen sein. Bis zu ihrem achten Lebensjahr musste „Jackie" angeblich barfuß laufen, weil sie keine Strümpfe und Schuhe besaß. Ein Strohsack soll ihr als Bett und ein ehemaliger Mehlsack als einziges Kleidungsstück gedient haben. Wenn sie Hunger hatte, suchte sie angeblich oft im Wald etwas Essbares.

Auch über den Start ins Berufsleben von „Jackie" kursieren unterschiedliche Versionen. Nach einer Lesart soll sie Laufmädchen in einer Baumwollfabrik in Ohio, „Mädchen für alles" in einem Schönheitssalon, Arbeitskraft zur Bedienung eines Dauerwellenapparates in Montgomery (Alabama), Mitarbeiterin eines Landarztes in Florida, Krankenschwester im Südwesten der USA, Verkäuferin von Schnittmustern und Kurzwaren sowie Mitinhaberin eines Kosmetiksalons und Schönheitssalons gewesen sein.

Nach ihrer Gesundung wollte Jacqueline Auriol den von Jacqueline Cochran gehaltenen Geschwindigkeitsrekord für Frauen brechen. Dieses Vorhaben gelang ihr am 11. Mai 1951 auf dem Flugplatz Villacoublay bei Paris mit einem britischen „Vampire"-Düsenjäger: Auf einer 100 Kilometer langen Flugstrecke wurde sie mit 818,181 Stundenkilometern die „schnellste Frau der Welt". Im September 1952 erhielt Jacqueline in Frankreich das „Kreuz der Ehrenlegion".

Der amerikanische Präsident Harry Spencer Truman (1884–1972) verlieh Jacqueline Auriol im November 1952 im „Weißen Haus" in Washington die „Internationale Harmon Trophy" für hervorragende fliegerische Leistungen. Diese „Harmon Trophy" wird seit 1926 alljährlich international in drei Kategorien vergeben: 1. an einen herausragenden Flieger, 2. an eine herausragende Fliegerin und 3. an Aeronauten (Ballonfahrer oder Luftschiffer). Die vierte Kategorie ist die „National Trophy" in jedem der Mitgliedsstaaten. Der Name der „Harmon Trophy" erinnert an den amerikanischen Ballonfahrer und Piloten Clifford B. Harmon (1866–1945), den wohlhabenden Sponsor dieser Auszeichnung. Die „Internationale Harmon Trophy" als „beste Fliegerin der Welt" erhielt Jacqueline auch 1951, 1953, 1955 und 1956.

Am 21. Dezember 1952 glückte Jacqueline Auriol ein neuer Weltrekord für Frauen: Mit einer „Mistral 76" erreichte sie zwischen Avignon und Istres über 100 Kilometer Flugstrecke eine Durchschnittsgeschwindigkeit von 855 Stundenkilometern. Damals wurde Jacqueline Auriol und Jacqueline Cochran abwechselnd der Ehrentitel „schnellste Frau der Welt" verliehen.

Als erste Europäerin durchbrach Jacqueline Auriol am 15. August 1953 mit einem Düsenjäger „Mystère-IV-N" die Schall-

*Amerikanischer Ballonfahrer und Pilot
Clifford B. Harmon (1866–1945),
Foto: Library of Congress,
Prints and Photographs Division, Washington,
Digital ID ggbain.08193,
Reproduction Number: LC-DIG-ggbain-08193.
(This is a press photograph from the
George Grantham Bain collection,
which was purchased by the Library of Congress in 1948.
According to the library, there are no known restrictions
on the use of these photos.)*

mauer (Mach 1): Sie erreichte 1.195 Stundenkilometer. Ihre Freundin Jacqueline Cochran hatte am 18. Mai 1953 mit einem von der „Royal Canadian Air Force" ausgeliehenen Düsenjäger „F-86 Sabre" eine Durchschnittsgeschwindigkeit von 1.042 Stundenkilometern erreicht und dabei in Sturzflügen aus 14.000 Metern Höhe als erste Frau zwei Mal die Schallmauer durchbrochen.

Als erstem Menschen ist dem 1923 geborenen amerikanischen Testpiloten Chuck Yeager bereits am 14. Oktober 1947 mit einem raketengetriebenen Flugzeug „Bell X-1" in einer Höhe von 13.700 Metern das Durchbrechen der Schallmauer gelungen. Unter Temperatur- und Luftdruckbedingungen, bei denen die Schallgeschwindigkeit 1.060 Stundenkilometer beträgt, erreichte er eine Geschwindigkeit von 1.080 Stundenkilometern bzw. Mach 1,06.

Schallmauer ist eine bildhafte Bezeichnung für die starke Zunahme des Luftwiderstands, die ein Flugobjekt bei Geschwindigkeiten nahe der Schallgeschwindigkeit erfährt. Vor dem Objekt entsteht eine Stauung stark komprimierter Luft, von der bei Überschreiten der Schallgeschwindigkeit eine starke Stoßwelle (Überschallknall) ausgeht.

Ein neuer Geschwindigkeits-Weltrekord für Frauen folgte am 31. Mai 1955 über Bretigny-sur-Orge bei Paris: Nun überbot Jacqueline Auriol mit einem Düsenjäger „Mystère-IV-N" auf gerader Strecke mit 1.151 Stundenkilometern den Rekord von Jacqueline Cochran.

Haarscharf am Tod vorbei stürzte Jacqueline Auriol 1956 mit einem ins Trudeln geratenen Düsenjäger „Mystère-IV", was sie nur kurz erschütterte. Bei der unsanften Landung habe sie nur ein bisschen das Gras durcheinander gemacht, kommentierte sie diesen gefährlichen Zwischenfall.

*Chuck Yeager vor dem Cockpit seiner „Bell X-1",
der er nach seiner Ehefrau Glennis
den Spitznamen „Glamorous Glennis" gab.
Foto: U.S. Air Force
(This image or file is a work of a U.S. Air Force Airman
or employee, taken or made as part of that person's official duties.
As a work of the U.S. federal government,
the image or file is in the public domain.)*

Mitte der 1950-er Jahre besaß der Titel „schnellste Frau der Welt" nur noch repräsentative Bedeutung. Denn vom 1. Juli 1955 bis Anfang 1956 hatte der „Internationale Luftsportverband" („Fédération Aéronautique Internationale", abgekürzt „FAI") den Geschwindigkeits-Weltrekordtitel für Frauen abgeschafft.

Am 26. August 1959 übertraf Jacqueline Auriol ihre eigene Bestleistung vom Mai 1955 deutlich: Sie schaffte mit einem Düsenjäger „Mirage III" eine Rekordgeschwindigkeit von 2.150 Stundenkilometern (Mach 2). Der Flug fand über dem Flughafen Istres bei Marseille statt. Fast drei Jahre später, am 22. Juni 1962, brach Jacqueline mit einem neuen französischen Düsenjäger, dem „Mistral-III-C", mit 1.849 Stundenkilometern erneut den internationalen Schnelligkeitsrekord für Frauen über eine Flugstrecke von 100 Kilometern.

Mit einer „Mirage-III-R" glückte Jacqueline Auriol am 14. Juni 1963 bei Istres auf einer Flugstrecke von 100 Kilometern ein neuer Rekord. Dabei erreichte sie 2.038,7 Stundenkilometer. Für diese Rekordleistung erhielt sie die Goldmedaille der „Fédèration Aeronautique". Außerdem konnte sie sich 1963 über die „Große Medaille des Aero Clubs von Frankreich" freuen.

Mit dem ersten Serienflugzeug des kleinen zweistrahligen Reiseflugzeugs „Mystère 20" stellte Jacqueline Auriol am 10. Juni 1965 einen Geschwindigkeitsrekord in der Klasse „C1g" auf. Auf einer 1000-Kilometer-Flugstrecke im geschlossenen Kurs erreichte sie eine Durchschnittsgeschwindigkeit von 859 Stundenkilometern. Am 15. Juni 1965 gelang Jacqueline in derselben Klasse mit 819,13 Stundenkilometern auf einer Strecke von 2.000 Kilometern im geschlossenen Kurs wieder ein Geschwindigkeitsrekord.

Überschall-Passagierflugzeug „Concorde" der „Air France".
Foto: PH3 Caffaro (via Wikimedia Commons).
Lizenz: gemeinfrei (Public domain),
(This file is a work of a sailor or employee of the U.S. Navy,
taken or made as part of that person's official duties.
As a work of the U.S. federal government, the image
is in the public domain.)

Nach ihrem folgenschweren Absturz vom Juli 1949 hat Jacqueline Auriol unfallfrei noch mehr als 4.000 Flugstunden absolviert. Insgesamt flog sie als Testpilotin rund 100 verschiedene Militärflugzeuge, unter anderem die Typen Mistral (benannt nach einem Fallwind), Mystére („Geheimnis") und Mirage („Fata Morgana").

Auch nach dem Verlassen des Flug-Test-Zentrums in Bretigny-sur-Orge bei Paris blieb Jacqueline Auriol nicht untätig. Danach arbeitete sie für das „Ministerium für Zusammenarbeit" („Ministère de la Cooperation") und machte sich um die Fernerkundungstechnologie verdient, deren Aufgabe es war, Informationen für die landwirtschaftliche Entwicklung zu sammeln. Für diese Leistung erhielt sie 1975 von der „Ernährungs- und Landwirtschaftsorganisation der Vereinten Nationen" („United Nations Food and Agriculture Organization") die „Ceres-Medaille".

Die blauäugige, ruhige und mutige Jacqueline Auriol rauchte und lachte gerne. Trotz ihrer großartigen fliegerischen Erfolge blieb sie immer bescheiden und hilfsbereit. Wer sie brieflich um eine Auskunft bat, erhielt prompt eine Antwort. Das war zum Beispiel der Fall, als Ernst Probst, der Autor dieser Kurzbiografie, sie 1999 bei Recherchen für ein Taschenbuch über „Superfrauen" wegen der Geburtsjahre ihrer beiden Söhne fragte.

Jacqueline Auriol war auf ihren ältesten Sohn Jean-Paul stolz, der bereits im Alter von 17 Jahren seinen Pilotenschein erworben hatte. Die „Süddeutsche Zeitung" bescheinigte ihr nach einem Auftritt beim „Internationalen Flugtag 1956" in München-Riem, in ihren Augen liege jener Blick, der manchmal aus fernen Weiten zurückzukehren scheine, der Blick der besessenen Fliegerin.

1967 endete die 1938 geschlossene Ehe von Jacqueline Auriol und Paul Auriol mit der Scheidung. Doch 1987 entschlossen sich beide zur Wiederheirat. Am 26. April 1992 starb Paul Auriol im Alter von 73 Jahren in Paris.

In ihren erfolgreichen Büchern „Vivre et voler" (1968) in französischer Sprache und „I Live to Fly" (1970) in englischer Sprache schilderte Jacqueline Auriol ihr abenteuerliches Fliegerleben. „I Live to Fly" inspirierte die in Südwestafrika (heute Namibia) geborene Busch- und Arktis-Pilotin Stefanie Crampton zu ihrer fliegerischen Karriere.

Erneut Schlagzeilen machte Jacqueline Auriol, als sie 1971 als erste Testpilotin das Überschall-Passagierflugzeug „Concorde" flog. Diese später bis zu 2.405 Stundenkilometer schnelle Maschine wurde erst von 1976 bis 1993 kommerziell betrieben und von der Presse als „Königin der Lüfte" bezeichnet. 1997 ehrte man Jacqueline mit dem „Großen Kreuz" des „Ordre national du Mérite".

Die „schnellste Frau der Welt" starb am Abend des 11. Februar 2000 im Alter von 82 Jahren in ihrer Pariser Wohnung. Präsident Jacques Chirac erklärte, sie habe seit Jahrzehnten für die Franzosen Mut und Moderne verkörpert. Ihr Name sei für immer mit der heldenhaften Geschichte der Luft- und Raumfahrt verbunden.

2003 wurde Jacqueline Auriol von der „Women in Aviation International" („WAI") anlässlich des Jubiläums „Centennial of Flight Woman in Aviation" als eine der 100 wichtigsten Frauen in der Luft- und Raumfahrtindustrie geehrt. Die französische Post erinnerte am 23. Juni 2003 mit einer Briefmarke im Nennwert zu 4 Euro an Jacqueline.

Sophie Blanchard (1778–1819)
Bild: Reproduktion eines Kupferstiches von Jules Porreau
aus dem Jahre 1859, der nach ihrem Tod entstand

Frauen in der Luftfahrt

4. Juni 1784: Die französische Opernsängerin Elisabeth Thible, nach anderer Schreibweise auch Tible, fliegt in Lyon als erste Frau in einem Heißluftballon (Montgolfière) mit.

10. November 1798: Die Französin Jeanne Labrosse (1775– 1845), die Ehefrau des Luftakrobaten André-Jacques Garnerin (1769–1823), unternimmt als erste Frau selbstständig einen Flug in einem Ballon.

12. Oktober 1799: Jeanne Labrosse wagt als erste Frau der Welt aus einer Höhe von rund 900 Metern einen Fallschirmsprung.

7. Juli 1819: Die erste professionelle Luftschifferin Frankreichs, Madeleine Sophie Blanchard (1778–1819), kommt in Paris bei einer Ballonfahrt als erste Frau beim Fliegen ums Leben.

Um 1850: Die französische Fallschirmspringerin Rosalie Poitevin (1819–1908) stellt in Parma (Italien) mit einem Sprung aus rund 2.000 Metern einen Frauenrekord auf, der erst 1931 von der Deutschen Lola Schröter (1906–1953) überboten wird.

4. Juli 1880: Mary Hawley Myers (1849–1932) unternimmt in Little Falls (New York) als erste Amerikanerin einen Alleinflug mit einem Ballon.

19. Juli 1893: Käthe Paulus (1868–1935) unternimmt in Nürnberg (Bayern) zusammen mit ihrem Verlobten Hermann Lattemann (1852–1894) ihren ersten Ballonflug. Sie gilt als erste Luftschifferin in Deutschland.

1893: Die Luftschifferin Käthe Paulus wird in Elberfeld bei Wuppertal die erste deutsche Fallschirmspringerin.

9. Juli 1903: Die Amerikanerin Aida de Acosta (1884–1962) unternimmt in Paris als erste Frau einen Alleinflug in einem lenkbaren Luftschiff.

1906: Die Amerikanerin E. Lillian Todd (1865–1937) entwirft und baut als erste Frau ein Flugzeug, das allerdings nie fliegt.

8. Juli 1908: Die französische Bildhauerin Thérèsè Peltier (1873–1926) unternimmt in Turin (Italien) an Bord eines Doppeldeckers zusammen mit dem französischen Piloten Léon Delagrange (1873–1910) den ersten Flug mit einem weiblichen Passagier.

7. Oktober 1908: Edith Berg fliegt als erste Amerikanerin in Le Mans (Frankreich) in einem Flugzeug mit. Sie ist eine Passagierin des amerikanischen Luftpioniers Wilbur Wright (1867–1912) und die Ehefrau von Hart O. Berg, des europäischen Agenten von Wright.

26. Oktober 1909: Die Französin Marie Marvingt (1875–1963) fliegt als erste Frau mit einem Ballon von Frankreich nach England.

8. März 1910: Die französische Schauspielerin Raymonde de Laroche (1844–1919) wird die erste Pilotin der Welt.

9. April 1910: Hélène Dutrieu (1877–1961) wird die erste Pilotin in Belgien.

19. April 1910: Hélène Dutrieu fliegt als erste Frau der Welt einen Passagier.

Sommer 1910: Hilda Hewlett (1864–1943) wird Mitbegründerin der ersten Flugschule in England.

2. September 1910 (oder 6. September oder Mitte Oktober): Blanche Stuart Scott (1889–1970) wird angeblich die erste amerikanische Pilotin. Ihr Flug wird von der „Aeronautical Society of America" nicht anerkannt, weil er zufällig erfolgt.

16. September 1910: Bessica Medlar Raiche (1875–1932) wird angeblich die erste amerikanische Pilotin.

8. November 1910: Marie Marvingt wird die dritte Frau mit Pilotenlizenz in Frankreich.

1. August 1911: Harriet Quimby (1875–1912) wird die erste Amerikanerin mit Pilotenlizenz.

10. August 1911 (4. September 1911) : Lidija Swerewa (1890–1916) wird die erste Pilotin in Russland.

17. August 1911: Matilde Moissant (1878–1964) wird die zweite Amerikanerin mit Pilotenlizenz.

29. August 1911: Hilda Hewlett wird erste Britin mit Piloten-lizenz.

4. September 1911: Harriet Quimby unternimmt als erste Frau einen Nachtflug.

13. September 1911: Melli Beese-Boutard (1886–1925) legt als erste Deutsche die Pilotenprüfung ab.

10. Oktober 1911: Beatrix de Rijk (1883–1958) wird eine der ersten Pilotinnen in Holland.

Dezember 1911: Die Amerikanerinnen Harriet Quimby und Matilde Moisant (1878–1964) unternehmen als erste Pilotinnen einen Flug über Mexiko.

16. April 1912: Harriet Quimby überfliegt als erster weiblicher Pilot den Ärmelkanal (Englischer Kanal).

Juli 1912: Lilly Steinschneider (1891–1975) wird die erste Pilotin in Österreich-Ungarn.

2. September 1912: Die Französin Jeanne Pallier (1871–1939) fliegt bei ihrer Pilotenprüfung als erste Frau über der Haupt-stadt Paris.

1912: Die Pilotin Ruth Law (1887–1970) fliegt als zweite Amerikanerin bei Nacht.

21. November 1912: Die russische Pilotin Ljuba Galanschikoff (1884–1968) stellt einen Höhenweltrekord für Frauen auf. Sie

erreicht mit einem geliehenen Fokker-Eindecker eine Höhe von 2.000 Metern.

5. Januar 1913: Rosina Ferrario (1888–1959) wird die erste Pilotin in Italien, die vor dem Ersten Weltkrieg eine Fluglizenz erhält,

31. Juli 1913: Die amerikanische Pilotin Alys McKey („Tiny") Bryant (1880–1954) unternimmt in Vancouver den ersten Flug einer Frau in Kanada. Ihre Flüge in Kanada waren Teil des Unterhaltungsprogramms für den Prinzen von Wales und den Herzog von York, die Vancouver und Victoria besuchen.

20. August 1913: Ljuba Galanschikoff unternimmt zusammen mit dem Piloten Léon Letort (1888–1913) den ersten Flug innerhalb eines Tages von Berlin nach Paris.

September 1913: Katherine Stinson (1891–1977) betätigt sich in Montana als erste Luftpostpilotin der USA.

1913: Hélène Dutrieu wird erstes weibliches Mitglied der „Pariser Luftwache" und schützt die französische Hauptstadt im Ersten Weltkrieg (1914–1918) vor Angriffen deutscher Flugzeuge und Militärluftschiffe.

19. Mai 1914: Die russische Pilotin Lydija Swerewa (1890–1916) fliegt in Riga (Litauen) als erste Frau einen Looping (Kunstflugfigur in senkrechter Kreisbahn).

6. Juni 1914: Else Haugk (1889–1973) wird die erste Pilotin der Schweiz.

1914: Prinzessin Eugenie Michailowna Shakhovskaya (1889–1920) wird die erste russische Militärpilotin. Sie unternimmt als Fähnrich im Dienste des Zaren etliche Aufklärungsflüge.

1915: Marjorie Stinson (1896–1975 und Katherine Stinson (1891–1977) betreiben mit ihrer Mutter Emma Beaver Stinson in Texas die erste von Frauen geleitete Flugschule.

17. Januar 1915: Ruth Law (1887–1970 wagt in Daytona Beach (Florida) als erste amerikanische Pilotin einen Looping. Katherine Stinson glückt dieses Kunststück am 18. Juli 1915 über dem Flugplatz „Cicero Field" in Chicago.

1915: Nahdeshda Degtera, deren Geburts- und Todesdatum unbekannt sind, ist die erste russische Pilotin, die bei einem Kampfeinsatz im Ersten Weltkrieg verwundet wird.

1916: Die Deutsche Käthe Paulus erfindet den zusammenlegbaren Fallschirm.

12. Juli 1919: Raymonde de Laroche stellt einen Höhenrekord für Frauen auf (4.800 Meter).

1919: Ruth Law befördert als erster Flieger Luftpost zu den Philippinen.

30. Mai 1920: Elsa Andersson (1897–1922) wird die erste schwedische Pilotin.

15. August 1920: Die amerikanische Pilotin Laura Bromwell (1899–1920) fliegt 87 Loopings und schafft damit einen Weltrekord.

1. April 1921: Die französische Pilotin Adrienne Bolland (1896–1975) fliegt als erste Frau über die Anden.

Mai 1921: Laura Bromwell fliegt 199 Loopings und stellt damit einen neuen Weltrekord auf.

15. Juni 1921: Die schwarze Amerikanerin Bessie Coleman (1893–1926) erhält in Frankreich ihre Fluglizenz und wird die erste afro-amerikanische Pilotin.

2. Oktober 1921: Elsa Andersson ist nach einem Absprung in Kristianstad die erste schwedische Fallschirmspringerin.

8. April 1922: Teresa de Marzo (1903–1986) wird die erste Pilotin in Brasilien.

1922: Tadashi Hyodo (1899–1980) wird die erste Pilotin in Japan.

3. September 1922: Bessie Coleman unternimmt den ersten öffentlichen Flug einer afro-amerikanischen Pilotin in den USA. Dabei springt der farbige Stuntman Hubert Fauntleroy Julian mit einem Fallschirm ab.

Oktober 1922: Lillian Gatlin aus Santa Ana (Kalifornien) wird die erste Passagierin bei einem Flug über Amerika. Sie reist von San Francisco (Kalifornien) nach Mineola (New York). Der 2.680 Meilen-Nonstop-Flug dauert 27 Stunden 11 Minuten.

1925: Thea Rasche (1899–1971) wird erste Deutsche mit Kunstflugschein.

1925: Kwon Ki-ok (1901–1988) wird die erste Pilotin aus Korea.

1925: Lady Mary Heath (1896–1939) erhält als erste Frau in Großbritannien eine kommerzielle Fluglizenz.

28. März 1927: Millicent Maude Bryant (1878–1927) wird die erste Pilotin in Australien.

Mai 1927: Lady Mary Heath stellt mit 17.000 Fuß (umgerechnet 5.100 Meter) einen Höhen-Weltrekord für Leichtflugzeuge auf.

September 1927: Elinor Smith wird im Alter von 16 Jahren die damals jüngste Pilotin der USA.

1927: Phoebe Fairgrave Omlie (1902–1975) wird die erste von der „Civil Aeronautics Administration" („CAA") zugelassene Flugzeugmechanikerin der USA.

1927: Lady Mary Heath unternimmt als erste Frau einen Alleinflug von Südafrika nach England.

1927: Die irische Pilotin Mary Bayley (1890–1960) fliegt als erste Frau über die Irische See.

Oktober 1927: Die Amerikanerin Ruth Elder (1902–1977) scheitert beim Versuch einer Atlantiküberquerung von England nach Amerika.

Ende August 1927: Prinzessin Anne Löwenstein-Wertheim (1864–1927) scheitert beim Versuch einer Atlantiküberquerung von England nach Amerika und kommt dabei ums Leben.

Januar 1928: Ruth Rowland Nichols (1901–1960) unternimmt zusammen mit dem Piloten Harry Rogers den ersten Nonstop-Flug von New York nach Miami (Florida).

17. und 18. Juni 1928: Die amerikanische Fliegerin Amelia Earhart (1897–1937) fliegt zusammen mit dem Piloten Wilmer Stultz (1899–1929) und dem Mechaniker Louis Gordon von New York nach Paris. Sie ist die erste Frau, die an Bord eines Flugzeuges den Atlantik überquert.

27. Juli 1928. Lady Mary Heath fliegt als erste Frau der Welt ein Passagierflugzeug. Der Start erfolgt in Amsterdam (Niederlande), die Landung in Croydon (Großbritannien).

1928: Maryse Bastié (1898–1952) erwirbt als erste Französin den Führerschein für Passagierflugzeuge.

1928: Die deutsche Pilotin Marga von Etzdorf (1907–1933) wird erste Kopilotin der „Deutschen Luft Hansa".

1928: Die irische Pilotin Mary Heath fliegt als erste Frau allein vom „Kap der Guten Hoffnung" (Südafrika) nach Kairo (Ägypten).

1928: Die amerikanische Pilotin Phoebe Fairgrave Omlie fliegt als erste Frau mit einem Leichtflugzeug über die Rocky Mountains.

Oktober 1928: Die deutsche Pilotin Erika Naumann stellt zusammen mit dem schweizerischen Fliegerhauptmann Wirth bei einem Flug über 1.305 Kilometer von Böblingen (Süddeutschland) nach Wilna (Litauen) einen Weltrekord auf.

17. Dezember 1928: Die amerikanische Pilotin Marjorie Stinson wird bei der Gründungsversammlung der „Early Birds" in Chicago das erste weibliche Mitglied. Bedingung für die Aufnahme bei den „Early Birds" ist für Amerikaner, dass sie bereits vor dem Eintritt der USA in den Ersten Weltkrieg am 17. Dezember 1916 erstmals allein geflogen sind. Für Piloten aus Europa gilt der 4. August 1914 als Stichtag für die Aufnahme bei den „Early Birds".

1928/1929: Mary Bailey (1890–1960) fliegt als erste Frau allein von England nach Südafrika und wieder zurück. Hinflug vom 9. März bis 30. April 1928, Rückflug vom September 1928 bis 16. Januar 1929.

2. Januar 1929: Evelyn („Bobby") Trout unternimmt in Los Angeles (Kalifornien) als erste Frau einen Ganze-Nacht-Flug, der 12 Stunden 11 Minuten dauert.

1929: Florence „Pancho" Barnes" (1901–1975) wird die erste amerikanische Stuntpilotin. Sie wirkt in dem Film „Hells Angels" mit, der 1929 in die Kinos kommt.

1929: Phoebe Fairgrave Omlie wird die erste amerikanische Transportpilotin.

1929: Ilse Esser (1898–1994) promoviert als erste Deutsche in Luftfahrttechnik.

August 1929: Die britische Reporterin Grace Marguerite Hay Drummond-Hay (1895–1946) fliegt als erste Frau mit einem

Luftschiff um die Welt. Der Flug erfolgt im deutschen Luftschiff „LZ-127 Zeppelin".

18. bis 26. August 1929: Die amerikanische Pilotin Louise Thaden (1905–1979) gewinnt das erste „Cleveland Women's Air Derby", den ersten Überlandflug-Wettbewerb für Pilotinnen, der scherzhaft als „Powder-Puff-Derby" bezeichnet wird. Der Start erfolgt in Santa Monica (Kalifornien), Ziel ist Cleveland (Ohio), gesamte Flugstrecke mehr als 2.700 Meilen (rund 4.500 Kilometer). Zweite wird Gladys O'Donnel, Dritte Amelia Earhart. Beim legendären „Powder-Puff-Derby" gehen insgesamt 20 Pilotinnen an den Start, von denen 18 aus den USA stammen: Florence („Pancho") Barnes, Marvel Crosson, Amelia Earhart, Ruth Elder, Claire Fahy, Edith Foltz, Mary Haizlip, Jessie Keith-Miller (Australien), Opal Kunz, Ruth Nichols, Blanche Noyes, Gladys O'Donnell, Phoebe Omlie, Neva Paris, Margaret Perry, Thea Rasche (Deutschland), Louise Thaden, Bobbi Trout, Mary von Mach und Vera Dawn Walker. Davon erreichen 13 Frauen das Ziel. Den scherzhaften Begriff „Powder-Puff-Derby" („Puderquastenrennen") hat der Komiker Will Rogers (1879–1935) geprägt. Er beruht auf dem Kosmetik-Utensil, mit dem sich die Pilotinnen nach den Landungen puderten.

2. November 1929: Amelia Earhart gründet zusammen mit vier anderen bekannten Pilotinnen auf dem Flugplatz „Curtiss Field" in Valley Stream, Long Island (New York), den „Club der Neunundneunzig" („Ninety Nines"), der die Stellung der Frauen in der Luftfahrt stärken soll. Einen solchen Club hatte Clara Trenckman Studer, eine flugbegeisterte Assistentin und

Helferin ohne Pilotenschein, angeregt. Die Einladung zur Gründungsversammlung war am 9. Oktober 1929 an 117 Pilotinnen in den USA verschickt und von Fay Gillis, Margorie Brown, Frances Harrel und Neva Paris unterzeichnet worden. Zur Gründungsversammlung kommen 26 Pilotinnen nach Valley Stream, nur vier davon mit dem Flugzeug, die anderen wegen schlechten Wetters mit dem Zug. Ein zweites Treffen erfolgt am 14. Dezember 1929 in New York City. Dabei macht Jean Davis Hoyt (gestorben 1988) den Vorschlag, den Club nach der Zahl der Frauen in den USA zu benennen, die einen Pilotenschein besitzen und Interesse an der Gründung des Clubs zeigen. Neva Paris soll die Wahl einer Präsidentin koordinieren, doch sie kommt Anfang 1930 bei einem Flugzeugabsturz ums Leben. Louise Thaden fungiert als „provisorische Präsidentin" des Clubs. Bald gehörten 99 Fliegerinnen zum Club und dessen Name steht fest. 1931 wird Amelia Earhart zur Präsidentin gewählt und bleibt dies bis 1933. „Ninety Nines" behauptet sich bis heute und zählt derzeit weltweit mehr als 20.000 Mitglieder.

November 1929: Die amerikanischen Pilotinnen Evelyn („Bobby") Trout (1906–2003) und Elinor Smith (geb. 1911) unternehmen den ersten Frauenflug mit Luftbetankung.

Dezember 1929: Amy Johnson (1903–1941) wird die erste Flugzeugmechanikerin in Großbritannien.

5. bis 24. Mai 1930: Die britische Pilotin Amy Johnson-Mollisson (1903–1941) fliegt als erste Frau allein von England nach Australien.

1930: Die britische Fliegerin Beryl Markham (1902–1986) wird die erste Berufspilotin Afrikas.

1930: Anne Morrow Lindbergh (1906–2001) wird die erste Segelfliegerin der USA.

6. März 1931: Ruth Rowland Nichols stellt mit 8.760,9 Metern einen Höhen-Weltrekord für Frauen auf.

13. April 1931: Ruth Rowland Nichols stellt mit 339,1 Stundenkilometern einen Geschwindigkeits-Weltrekord für Frauen auf.

1931: Leyla Mammadbeyova (1909–1989) wird die erste Pilotin in Aserbaidschan.

Juni 1931: Ruth Rowland Nichols scheitert beim Atlantiküberflug.

18. bis 29. August 1931: Die deutsche Pilotin Marga von Etzdorf (1907–1933) fliegt allein von Berlin nach Tokio.

1931: Pauline Mary Gower (1910–1947) betreibt den ersten Lufttaxidienst in Großbritannien.

1931: Die deutsche Pilotin Vera von Bissing (1906–2002) beherrscht als einzige Frau den Looping nach vorn.

1931: Die deutsche Fallschirmspringerin Lola Schröter (1906–1953) stellt mit einem Sprung aus 6.000 Metern Höhe einen Frauenrekord auf.

Oktober 1931: Hazel Ying Lee (1912–1944) erhält als eine der ersten chinesisch-amerikanischen Frauen eine Fluglizenz.

4. Dezember 1931: Die deutsche Fliegerin Elly Beinhorn (1907–2007) startet zu einem erfolgreichen Weltflug. Sie ist die erste Frau, die alle fünf Erdteile mit dem Flugzeug überfliegt.

26. Dezember 1931: Die australische Pilotin Maude Rose „Lores" Bonney (1897–1994) unternimmt den längsten Ein-Tages-Flug einer Frau von Brisbane nach Wangaratta (1.600 Kilometer).

20. Mai 1932: Die amerikanische Fliegerin Amelia Earhart fliegt mit einem einmotorigen Flugzeug als erste Frau über den Atlantik. Sie startet in Harbor Grace (Neufundland) und landet unweit von Londonderry (Nordirland).

Mai 1932: Die deutsche Schauspielerin und Pilotin Antonie Strassmann (1901–1952) fliegt an Bord des Flugschiffes „Do-X" von den USA nach Deutschland. Sie ist die erste Europäerin, die als fliegender Passagier den Atlantik überquert.

August/September 1932: Maude Rose „Lores" Bonney fliegt als erste Frau um Australien.

5. September 1932: Die amerikanische Pilotin Mary Haizlip (1910–1997) stellt in Cleveland (Ohio) mit 405,92 Stundenkilometern einen Geschwindigkeitsrekord für Frauen auf.

1932: Die Chinesin Katherine Cheung (1904–2003) wird die erste Asiatin mit Pilotenlizenz in den USA.

1932: Ruthy Tu (gestorben 1969) wird die erste Pilotin in der Chinesischen Armee.

1932: Die deutsche Pilotin Rosl Richter und ihr Ehemann unternehmen mit einem Leichtflugzeug einen Weltflug.

1932: Der Fallschirmspringerin Lola Schröter gelingt ein Rekordsprung aus 7.300 Metern Höhe.

1932: Luise Hoffmann (1910–1935) wird erste Werkspilotin in Deutschland.

1932: Phoebe Fairgrave Omlie wird die erste Regierungsbeamtin für Luftfahrt in den USA.

1932: Fay Gillis Wells (1908–2002) fliegt als erste Amerikanerin ein sowjetisches Zivilflugzeug.

10. bis 21. April 1933: Maude Rose „Lores" Bonney fliegt mit einer Maschine des Typs „Gipsy Moth" namens „My little Ship" als erste Frau von Australien nach England (Start in Brisbane, Landung in London. Flugstrecke rund 20.000 Kilometer).

1933: Freda Thompson (1909–1980) wird die erste Fluglehrerin in Australien.

1934: Die Französin Maryse Bastie (1898–1952) fliegt als erste Frau von Paris nach Tokio und zurück.

28. Januar bis 25. April 1934: Die Amerikanerin Laura Ingalls (1901–1967) unternimmt als erste Frau einen Alleinflug von Nordamerika nach Südamerika.

21. März 1934: Laura Ingalls fliegt als erste Amerikanerin über die Anden.

Mai 1934: Die Neuseeländerin Jean Batten (1909–1982) unternimmt als erste Frau einen Flug von England nach Australien und zurück.

28. September bis 6. November 1934: Die australische Pilotin Freda Thompson unternimmt den ersten Alleinflug einer Frau von England nach Australien. Während dieser 39 Tage langen Flugreise muss sie 20 Tage auf ein Ersatzteil warten.

23. Oktober 1934: Die amerikanische Ballonfahrerin Jeannette Piccard (1895–1981) fliegt als erste Frau in die Stratosphäre: Sie steigt zusammen mit ihrem Ehemann Jean-Felix Picard (1884–1963) über dem Erisee in eine Höhe von 17.550 Metern auf.

31. Dezember 1934: Die Amerikanerin Helen Richey (1909–1947) wird die erste Pilotin bei einer planmäßigen Airline („Central Airlines").

Anfang 1935: Der amerikanischen Fliegerin Amelia Earhart glückt der erste Flug von Hawaii zum amerikanischen Festland. Diese Route ist länger als die Strecke von den USA nach Europa.

April 1935: Liesel Zangenmeister stellt in Rossitten (Ostpreußen) mit 12 Stunden 57 Minuten einen Dauer-Weltrekord im Segelflug auf.

1935: Amelia Earhart unternimmt als Erste einen Alleinflug von Los Angeles (Kalifornien) nach Mexico City (Mexiko), Flugzeit 13 Stunden 23 Minuten.

1935: Amelia Earhart unternimmt als Erste einen Alleinflug von Mexico City nach Newark, Flugzeit 14 Stunden 19 Minuten.

Ende 1935: Jean Batten fliegt als erste Frau von England nach Südamerika (Brasilien), Flugstrecke rund 5.000 Meilen (umgerechnet 8.000 Kilometer), Flugzeit 61 Stunden 15 Minuten

1936: Katarina Matanovic-Kulenovic (1913–2003) wird die erste kroatische Pilotin.

4. September 1936: Louise Thaden (1905–1979) und Blanche Noyes (1900–1981) besiegen als erste Frauen bei einem Flugwettrennen („Bendix Trophy Race") männliche Piloten. Sie fliegen sie von New York City nach Los Angeles in 14 Stunden 55 Minuten und stellen damit einen Weltrekord auf.

4./5. September 1936: Die englische Pilotin Beryl Markham (1902–1986) fliegt als erste Frau allein von London (England) über den Atlantik nach Nova Scotia (Kanada).

1936: Jean Batten fliegt als erste Frau über den Südatlantik.

1936: Laura Ingalls fliegt als erste Frau nonstop von der Ostküste zur Westküste der USA.

März 1937: Jean Burns wird im Alter von 17 Jahren die jüngste Pilotin in Australien.

17. Mai 1937: Die deutsche Fliegerin Hanna Reitsch (1912–1979) wird als erste Frau der Welt ehrenhalber zum Flugkapitän ernannt. Dieser Titel war sonst Flugzeugführern der „Deutschen Lufthansa" vorbehalten.

Mai 1937: Hanna Reitsch überquert als erste Pilotin der Welt im Segelflug die Alpen.

Juni 1937: Die deutsche Pilotin Eva Schmidt (1914–1945) erreicht eine Weltbestleistung im Segelflug-Streckenflug für Frauen vom Hornberg (Schwäbische Alb) nach Plauen im Vogtland (Sachsen) und einen Dauerflug-Rekord von 14 Stunden.

Juni 1937: Inge Wetzel stellt in Rossitten (Ostpreußen) mit 18 1/2 Stunden einen Segelflug-Weltrekord im Dauerflug auf, wird aber bereits im Juli 1937 von Feodora Schmidt übertroffen.

1937: Amelia Earhart fliegt – im Rahmen ihrer Erdumrundung – als Erste vom Roten Meer nach Indien.

2. Juli 1937: Amelia Earhart und ihr Navigator Fred Noonan (1893–1937) kehren von ihrer geplanten spektakulären Erdumrundung nicht mehr zurück. Um das ungeklärte Verschwinden der Beiden im Pazifik ranken sich zahlreiche Legenden.

4. Juli 1937: Hanna Reitsch fliegt in Bremen als erste Frau einen Hubschrauber.

1937: Maude Rose „Lores" Bonney fliegt als erste Frau allein von Australien (Brisbane) nach Südafrika (Kapstadt), Flugstrecke 29.088 Kilometer.

1937: Sabiha Gökcen (1913–2001) wird die erste Kampfpilotin der Türkei. Sie fliegt Kampfeinsätze in Thrakien und in der Ägäis.

1937: Die deutsche Fliegerin Melitta Schenk Gräfin von Stauffenberg (1903–1945), geborene Melitta Schiller, besitzt als einzige Frau Deutschlands alle Flugzeugführerscheine für sämtliche Klassen von Motorflugzeugen und Segelflugzeugen sowie den Kunstflugschein.

1937: Die Argentinierin Susanna Ferrari Billinghurst (1914–1999) erwirbt als erste Frau in Südamerika einen kommerziellen Pilotenschein.

1937: Die russischen Pilotinnen Marina Raskowa (1912–1943) und Walentina Stepanowna Grisodubowa (1910–1993) stellen mit einem Nonstop-Flug über 1.443 Kilometer einen Frauenweltrekord auf.

1937: Die amerikanische Fliegerin Jacqueline Cochran (1906–1980) macht als erste Frau einen Blindflug (Instrumentenlandung).

28. Oktober 1937: Melitta Schenk Gräfin von Stauffenberg erhält als zweite Frau der Welt den Titel „Flugkapitän".

Frühjahr 1938: Hanna Reitsch, die erste Frau mit Helikopter-Lizenz, unternimmt in der riesigen Berliner Deutschlandhalle mit einem Hubschrauber den ersten Hallenflug der Welt.

2. Juli 1938: Den russischen Pilotinnen Walentina Stepanowna Grisodubowa (1910–1993), Wera Lomako (geboren 1913), Polina Ossipenko (1907–1939) und Marina Raskowa (1912–1943) gelingt ein Weltrekord-Fernflug für Frauen von Sewastopol nach Archangelsk über 2.416 Kilometer.

24./25. September 1938: Marina Raskowa, Walentina Stepanowna Grisodubowa und Polina Ossipenko stellen mit einem 5.908,610 Kilometer langen Fernflug von Moskau nach Kerbi unweit des Ochotskischen Meeres einen Weltrekord für Frauen auf. Am 2. November 1938 erhalten sie für diesen Weltrekord-Fernflug als erste Frauen der sowjetischen Geschichte den Titel „Held der Sowjetunion".

1939: Willa Brown Chappell (1906–1992) wird die erste Afro-amerikanerin mit kommerzieller Pilotenlizenz in den USA

1939/1940: Beate Köstlin (1919–2001), später Beate Uhse, wirkt als erste deutsche Stuntpilotin in den Filmen „D III 88" (1939) und „Achtung, Feind hört mit" (1940) mit.

1. Juli 1941: Die Amerikanerin Jacqueline Cochran überführt als erste Frau einen Bomber über den Atlantik.

Ab 1941: Marina Raskowa und sechs andere weibliche Offiziere organisieren drei nur aus Frauen bestehende sowjetische Fliegerregimenter. Am Ende der Ausbildung werden in Engels drei Regimenter aufgestellt: das 586. Jagdfliegerregiment mit „Jak-2", das 587. Tagbomberregiment mit „Pe-2"-Flugzeugen und das mit „U-2" ausgerüstete 588. Nachtbomberregiment („Nachthexen"). Kommandantinnen des 586. Jagdfliegerregiments sind: Lydia Litvak, Raisa Belyayeva, Tamara Pamyatnykh, Raya Surnachevskaya, Marina Kuznetsova. Kommandantinnen des 587. Tagbomberregiments: Kladiya Fomicheva, Marina Raskowa, Nadeshda Fedutenko. Kommandantinnen des 588. Nachtbomberregiments: Yevodokya Bershanskaya, Yevgeniya Zhigulenko, Tatyana Makorova, Yevdokia Nosal, Nina Ulynenko.

Oktober 1942: Hanna Reitsch fliegt in Augsburg bei „Messerschmitt" das erste Raketenflugzeug der Welt.

21. März 1943: Cornelia Clark Fort (1919–1943) stirbt bei der Überführung einer Maschine des Typs „BT-13A" als erste Pilotin im Dienst der US-Army, als sie über Merkel, Taylor County (Texas), mit einem anderen Flugzeug zusammenstößt. An sie erinnert der 1945 nach ihr benannte „Cornelia Fort Airport" in Nashville (Tennessee).

14. Okober 1944: Die Amerikanerin Ann G. Baumgartner Carl (1918–2008) ist die erste Frau in einem Turbojet-Kampfflieger.

1948: Betty Skelton Frankman Erde (geboren 1926) wird die erste US-Meisterin in Luftakrobatik.

1949: Betty Skelton Frankman Erde stellt mit 7.853 Metern einen Höhenweltrekord für Frauen auf.

16. September 1950: Nancy Bird Walton (1915–2009) gründet die australische Pilotinnenorganisation „Australian Women Pilot's Association" („AWPA")

März 1951: Die deutsche Pilotin Liesel Bach (1905–1992) fliegt als erste Frau über den Himalaja.

1951: Betty Skelton Frankman Erde stellt mit 8.850 Metern einen weiteren Höhenweltrekord für Frauen auf.

April 1953: Iris Wittig (1928–1978) fliegt zusammen mit einem sowjetischen Instrukteur als einer der ersten Piloten in einer „MiG-15UTI", dem ersten Strahlflugzeug der „DDR".

4. Juni 1953: Die amerikanische Pilotin Jacqueline Cochran erreicht mit einem Düsenjäger des Typs „F-86 Sabre" eine Durchschnittsgeschwindigkeit von 1.042 Stundenkilometern und durchbricht dabei in Sturzflügen aus 14.000 Meter Höhe als erste Frau zwei Mal die Schallmauer.

15. August 1953: Die französische Fliegerin Jacqueline Auriol (1917–2000) durchbricht mit einem Düsenjäger des Typs „Mystère-IV-N" mit einer Geschwindigkeit von 1.195 Stunden-kilometern als erste Europäerin die Schallmauer (Mach1).

1960-er Jahre: Jerrie Cobb besteht als erste Amerikanerin alle drei Tests für das von Jacqueline Cochran finanzierte Programm „Mercury 13". Mit diesem privat finanzierten Programm, das nicht Teil der Astronautenrekrutierung der „NASA" ist, will man beim Wettrennen im Weltraum mit der ersten Frau im All der Sowjetunion zuvorkommen. Der Name des Projektes beruht darauf, dass von den insgesamt 20 getesteten Frauen 13 die Tests bestehen: außer Jerrie Cobb später auch Myrte Cagle, Jan Dietrich, Marion Dietrich, Wally Funk, Janey Hart, Jean Hixson, Gene Nora Stumbough, Irene Leverton, Bernice Steadman, Sarah Ratley, Jerri Truhill und Rhea Woltman. Jerry Cobb, Rhea Hurle und Wally Funk unterziehen sich in Oklahoma City noch weiteren Tests und einer psychologischen Bewertung. Wenige Tage, bevor einige Frauen sich erweiterten Tests in Pensacola (Florida) in der „Naval School of Aviation Medicine" mit Militärausrüstung und Jets unterziehen sollen, erhalten sie ein Telegramm, in dem der Abbruch des Projekts mitgeteilt wird. Die Navy ist nicht bereit, ihr Equipment für ein inoffizielles Projekt bereitzustellen. Im Mai 2007 verleiht die „University of Wisconsin-Oshkosh" den damals noch acht lebenden Frauen von „Mercury 13" Ehrendoktortitel für ihren „Pioniergeist und die Anstrengungen bei der Weiterentwicklung der Frauen-rechte".

16. Juni 1963: Die russische Kosmonautin Walentina Tereschkowa startet in Baikonur (Kasachstan) an Bord des Raumschiffes „Wostock VI" als erste Frau ins Weltall. Sie umkreist 49 Mal die Erde, bevor sie am 19. Juni 1963 in Novosivbirsk landet.

26. August 1963: Diana Barnato Walker (1918–2008) durchbricht als erste Britin die Schallmauer.

19. März bis 17. April 1964: Geraldine „Jerry" Mock fliegt als erste Amerikanerin erfolgreich um die Welt. Vor ihr hatte dies 1931 schon die deutsche Fliegerin Elly Beinhorn getan. Weil der Weltflug von Elly Beinhorn in den USA nicht allgemein bekannt ist, wird Geraldine „Jerry Mock" dort oft irrtümlich als Frau erwähnt, die als Erste um die Welt geflogen sein soll.

Juni 1966: Berta Zeron (1924–2000) wird die erste Frau in Mexiko mit einem kommerziellen Pilotenschein.

1966: Die britische Pilotin Sheila Scott (1927–1988) fliegt 50.000 Kilometer in 189 Flugstunden.

1967: Ursula Bühler-Hedinger (1943–2009) wird die erste schweizerische Linienpilotin und Jetpilotin.

28. März 1967: Fiorenza de Bernardi wird die erste Airline-Pilotin in Italien (nach eigenen Angaben die fünfte der Welt) und im selben Jahr in ihrem Heimatland auch der erste weibliche Flugkapitän.

1969: Turi Wideroe wird der erste weibliche Luftverkehrspilot bei einer großen Fluggesellschaft in Norwegen – bei „Scandinavian Airlines Systems" („SAS").

28. Juni 1971: Die amerikanische Pilotin Louise Sacchi (1913–1997) stellt bei einem Flug von New York nach London

innerhalb von 17 Stunden 10 Minuten einen Geschwindigkeitsrekord auf.

1971: Sheila Scott fliegt bei einem Langstreckenflug über
50.000 Kilometer als erste Frau mit einem Leichtflugzeug über
den Nordpol.

29. Januar 1973: Emily Howell Warner wird die erste Pilotin
für eine kommerzielle Airline in den USA.

22. Februar 1974: Barbara Ann Rainey (1948–1982) wird die
erste Pilotin der „United States Navy".

4. Juni 1974: Sally Murphy qualifiziert sich als erste Frau als
Pilotin für die „United States Army".

1974: Die Italienerin Fiorenza di Bernardi wird die erste
Gletscherpilotin der Welt.

1974: Die Amerikanerin Marry Barr wird die erste Pilotin in
der Forstwirtschaft („United States Forest Service") der USA.

1974: Captain Leslie F. Kenne wird die erste Frau an der
Testpilotenschule der US-Luftwaffe.

1974: Wally Funk wird die erste Inspektorin der Flug-sicherung
innerhalb der amerikanischen Verkehrsbehörde „National
Transportation Safety Board" („NTSB") in Washington D.C.
Die „NTSB" befasst sich mit der Aufklärung von
Unglücksfällen im Transportwesen (Eisenbahnen, Luftfahrt,
Schifffahrt, Pipelines und Autobahnen). Für die Luftfahrt

entspricht der Aufgabenbereich der Bundesstelle für Flugunfalluntersuchung in Deutschland.

6. Juni 1976: Emily Howell Warner wird der erste weibliche Kapitän einer US-Airline.

Ende 1976: Die deutsche Pilotin Rita Maiburg (1951–1977) wird der erste und einzige weibliche Flugkapitän im regulären Liniendienst der westlichen Welt. Die Bulgarin Maria Atanasova kommandiert damals eine düsengetriebene Fracht-maschine, die Engländerin Yvonne Sintes ist Captain bei einer britischen Chartergesellschaft

1976: Rosemary Bryant Mariner fliegt als erste Frau ein leichtes Kampfflugzeug.

1978: Rhea Seddon (geb. 1947) , Kathryn Sullivan (geb. 1951), Judith A. Resnik (1949–1986), Sally Kristen Ride (geb. 1951), Anna Lee Fisher (geb. 1949) und Shannon Lucid (geb. 1942) werden als erste Frauen in das Astronautencorps der „NASA" aufgenommen.

11. April 1980: Eleanor Conn unternimmt mit ihrem Ehemann Sidney Conn die erste Ballonfahrt über den Nordpol.

2. Juli 1980: Die Amerikanerin Lynn Rippelmeyer fliegt als erste Frau einen Jumbo-Jet „Boeing 747".

3. Dezember 1980: Die Amerikanerin Janice Brown unternimmt in der Nähe von Marana (Arizona) mit einem kleinen Solarflugzeug namens „Solar Challenger" den ersten

Langstrecken-Solarflug (Flugstrecke 6 Meilen, Flugzeit 22 Minuten).

1980: Deborah Jane Lawrie wird die erste Pilotin bei einer australischen Fluggesellschaft.

14. Februar 1981: Neta Snook (1896–1991) ist mit 85 Jahren die älteste Pilotin der USA.

11. März 1981: Die Amerikanerin Doris Grove stellt mit 1.127,68 Kilometern einen Segelflug-Weltrekord auf.

17. Dezember 1982: Die amerikanische Pilotin Mary Haizlip (1910–1997) wird als erste Frau in der Luft- und Raumfahrt in die „Oklahoma Aviation and Space Hall of Fame" aufgenommen.

18. Juni 1983: Die Astronautin Sally Kristen Ride fliegt als erste Amerikanerin im Weltall.

1983: Regula Eichenberger wird die erste Linienpilotin bei einer schweizerischen Airline („Crossair").

19. Juli 1984: Die amerikanische Pilotin Lynn Rippelmeyer fliegt als erster weiblicher Kapitän mit einer „Boeing 747" über den Atlantik. Der Start erfolgt in Newark, die Landung in London-Gatwick.

19. Juli 1984: Die amerikanische Pilotin Beverly Lynn Burns fliegt als erster weibliche Kapitän mit einer „Boeing 747" über die USA. Ihr historischer Flug mit einer Maschine der

Fluggesellschaft „PEOPLExpress" führt von Newark nach Los Angeles.

25. Juli 1984: Die sowjetische Kosmonautin Swetlana Sawiz-kaja unternimmt als erste Frau einen Spaziergang im Weltall.

11. Oktober 1984: Die Astronautin Kathryn Dwyer Sullivan unternimmt als erste Amerikanerin einen Spaziergang im Weltall.

14. Dezember 1986: Die amerikanische Astronautin Jeana Yeaeger startet zusammen mit Dick Rutan mit einem Voyager-Flugzeug zur ersten Nonstop-Weltraumumrundung ohne Auftanken und Zwischenlanden. Sie fliegen in 9 Tagen 3 Minuten 44 Sekunden eine Strecke von insgesamt 42.120 Kilometern.

1989: Gaby Kennard fliegt als erste Australierin mit einem Flugzeug des Typs „Piper Saratoga" namens „Gerty" in 99 Tagen allein um die Welt.

1990: Allana Arnot (geb. 1967) fliegt als erste Australierin mit einem Hubschrauber um die Welt.

1990: Rosemary Bryant Mariner wird die erste Kommandantin einer operativen Fliegerstaffel in den USA.

Winter 1990: Rosella Bjornsön wird der erste weibliche Kapitän für eine kommerzielle Fluggesellschaft in Kanada.

14. Mai 1992: Die amerikanische Astronautin Kathryn Thornton unternimmt den längsten Spaziergang im Weltall. Er dauert 7 Stunden 44 Minuten.

12. bis 20. September 1992: Carol Mae Jemison fliegt mit der Raumfähre „Endeauvour" als erste afro-amerikanische Astronautin im Weltall.

1. Oktober 1992: Die Amerikanerin Victoria („Vicki") von Meter (1982–2008) erregt als jüngste Fliegerin der Welt großes Aufsehen. Sie steuert als Zehnjährige erstmals ein Flugzeug,

25. März 1993: Die Britin Barbara Hamer ist die erste Frau, die – als Erster Offizier und Kopilotin – mit einem kommerziellen Überschallflugzeug fliegt. Dies geschieht bei einem Flug mit „British Airways" auf der „Concorde" von London nach New York City.

20. bis 23. September 1993: Vicki van Meter überfliegt im Alter von elf Jahren die USA – von Augusta (Maine) nach San Diego (Kalifornien).

1993: Sarah Deal wird erster weiblicher Pilot des „United States Marine Corps".

21. April 1994: Jackie Parker qualifiziert sich als erste Pilotin für das F-16-Kampfflugzeug.

4. bis 7. Juni 1994: Vicki van Meter überfliegt im Alter von zwölf Jahren den Atlantik.

12. Juli 1994: Die elfjährige Amerikanerin Katrina Mumaw wird das „schnellste Kind der Welt": Sie bricht zusammen mit einem russischen Piloten in einem „MiG-29"-Kampfjet die Schallmauer.

1994: Kara Hultgreen (1965–1994) wird die erste Kampf- pilotin der US-Marine in einer „F-14 Tomcat".

3. Oktober 1994 bis 22. März 1995: Die Russin Elena Konda- kowa, nach anderer Schreibweise Yelena Vladimirovna Konda- kova, unternimmt den ersten Dauerflug einer Frau im Weltall.

3. bis 11. Februar 1995: Eileen Collins wird die erste ameri- kanische Raumfährenpilotin bzw. Shuttlepilotin.

1995: Martha McSally unternimmt bei der Operation „Southern Watch" als erste Pilotin der US-Luftwaffe (von Kuwait aus) Kontrollflüge in feindlichem Gebiet (Irak). Sie ist die erste Pilotin der „U.S. Air Force", die mit einem Militär- flugzeug über Feindgebiet fliegt.

22. März bis 26. September 1996: Shannon Lucid wird mit einem 188 Tage langen Flug die Amerikanerin, die sich am längsten im Weltraum aufhält.

19. November 1997: Kalpana Chawla (1961–2003) unter- nimmt mit der amerikanischen Raumfähre „Columbia" als erste Inderin einen Flug im Weltall.

16. Dezember 1998: Kendra Williams, Leutnant bei der „United States Navy", bombardiert bei der Operation „Desert

Fox" als erster weiblicher Kampfpilot der USA über dem Irak ein feindliches Ziel.

12. Januar 1999: Erstmals ist das Cockpit einer „Swissair"-Maschine ausschließlich mit Frauen besetzt: Kapitän Gabrielle Musy-Lüthi und Kopilotin Claudia Wehrli fliegen einen „Airbus A320" von Zürich-Kloten nach Paris.

23. bis 28. Juli 1999: Eileen Collins wird die erste Kommandantin einer amerikanischen Raumfähre („Space Shuttle").

Januar bis Mai 2001: Die Britin Polly Vacher unternimmt als erste Frau mit einem Kleinflugzeug („Piper PA-28 Cherokee Dakota G-FRGN") über Australien einen Flug um die Welt.

6. Mai 2003 bis 27. April 2004: Polly Vacher fliegt von Birmingham aus über den Nordpol, die Antarktis und alle Erdteile. Damit wird sie die erste Frau, die allein die Polarregionen überquert. Bei diesem Unternehmen fliegt sie auch innerhalb von 16 Stunden von Hawaii nach Kalifornien.

Um 2005: Hanadi Zakaria al-Hindi wird der erste weibliche Flugkapitän in Saudi-Arabien.

13. März 2006: Die amerikanische Pilotin Elizabeth A. Okoreeh-Baah fliegt als erste Frau ein senkrecht startendes „V-22 Osprey Tiltrotor"-Flugzeug.

2006: Nicole Malachowski wird als erste Frau bei den „Thunderbirds", einer Kunstflugstaffel der Luftstreitkräfte der USA, aufgenommen.

18. bis 29. September 2006: Die amerikanisch-iranische Multimillionärin Anoushe Ansari wird der erste weibliche Weltraumtourist, der erste weibliche Muslim und die erste Iranerin im Weltraum. Sie startet am 18. September 2006 mit einem Sojus-Raumschiff zur „Internationalen Raumstation" („ISS"), erreicht am 20. September die „ISS" und kehrt am 29. September 2006 mit „Sojus TMA-8" zur Erde zurück.

Autor Ernst Probst,
Foto: Klaus Benz, Fotograf, Mainz-Laubenheim

Der Autor

Ernst Probst, geboren am 20. Januar 1946 in Neunburg vorm Wald im bayerischen Regierungsbezirk Oberpfalz, ist Journalist und Wissenschaftsautor. Er arbeitete von 1968 bis 1971 als Redakteur bei den „Nürnberger Nachrichten", von 1971 bis 1973 in der Zentralredaktion des „Ring Nordbayerischer Tageszeitungen" in Bayreuth und von 1973 bis 2001 bei der „Allgemeinen Zeitung", Mainz. In seiner Freizeit schrieb er Artikel für die „Frankfurter Allgemeine Zeitung", „Süddeutsche Zeitung", „Die Welt", „Frankfurter Rundschau", „Neue Zürcher Zeitung", „Tages-Anzeiger", Zürich, „Salzburger Nachrichten", „Die Zeit", „Rheinischer Merkur", „Deutsches Allgemeines Sonntagsblatt", „bild der wissenschaft", „kosmos", „Deutsche Presse-Agentur" (dpa), „Associated Press" (AP) und den „Deutschen Forschungsdienst" (df). Aus seiner Feder stammen die Bücher „Deutschland in der Urzeit" (1986), „Deutschland in der Steinzeit" (1991), „Rekorde der Urzeit" (1992), „Dinosaurier in Deutschland" (1993 zusammen mit Raymund Windolf) und „Deutschland in der Bronzezeit" (1996). Von 1986 bis heute veröffentlichte Ernst Probst rund 300 Bücher, Taschenbücher, Broschüren und über 300 E-Books.

E-Books über „Königinnen der Lüfte"

Aida de Acosta. Erster Alleinflug mit einem lenkbaren
Luftschiff
Elsa Andersson. Die erste Pilotin aus Schweden
Jacqueline Auriol. Sie durchbrach als erste Europäerindie
Schallmauer
Liesel Bach. Deutschlands erfolgreichste Kunstfliegerin
Pancho Barnes. Amerikas erste Stuntpilotin
Maryse Bastié. Die Fliegerin, die acht Weltrekorde brach
Jean Batten. Neuseelands berühmteste Pilotin
Melli Beese. Die erste Deutsche mit Pilotenlizenz
Elly Beinhorn. Deutschlands Meisterfliegerin
Vera von Bissing. Eine Kunstfliegerin der 1930-er Jahre
Sophie Blanchard. Die erste professionelle Luftschifferin
Adrienne Bolland. Die erste Frau, die über die Anden flog
Héléne Boucher. Die französische „Wunderfliegerin"
Kalpana Chawla. Die erste Inderin im Weltall
Jacqueline Cochran. Die „schnellste Frau der Welt"
Bessie Coleman. Die erste Afro-Amerikanerin mit
Pilotenschein
Eileen Collins. Die erste Raumfähren-Pilotin
Héléne Dutrieu. Die erste Pilotin in Belgien
Amelia Earhart. Die erste Frau, die zwei Mal über den
Atlantik flog
Ruth Elder. Die erste Frau, die den Flug über den Atlantik
wagte
Marga von Etzdorf. Die tragische deutsche Fliegerin
Elise Garnerin. Die „Venus im Ballon"
Sabiha Gökcen. Die erste türkische Pilotin

Frances Wilson Grayson. Tragischer Flug über den Atlantik
Hilda Hewlett. Die erste britische Fliegerin
Maryse Hilsz. Die Rekordfliegerin aus Frankreich
Luise Hoffmann. Die erste deutsche Einfliegerin
Kara Spears Hultgreen. Die erste „F-14 Tomcat"-
Kampfpilotin
Laura Ingalls. Die erste Amerikanerin,
die über Südamerika flog
Carol Mae Jemison. Die erste afro-amerikanische
Astronautin
Amy Johnson-Mollison. Englands erste
Flugzeugmechanikerin
Thea Knorr. Die erste Schleißheimer Fliegerin
Raymonde de Laroche. Die erste Pilotin der Welt
Ruth Law. Erste Luftpost für die Philippinen
Anne Morrow Lindbergh. Die erste Amerikanerin
mit Segelflugschein.
Anne Löwenstein-Wertheim. Die fliegende Prinzessin
Shannon Lucid. Der längste Raumflug einer Frau
Rita Maiburg. Einer der ersten weiblichen
Linienflugkapitäne
Beryl Markham. Die erste Berufspilotin in Ostafrika
Marie Marvingt. Die „Mutter der Luftambulanz"
Christa McAuliffe. Die amerikanische Nationalheldin
Victoria van Meter. Die jüngste Fliegerin der Welt
Jerry Mock. Im Alleinflug um die Erde
Mathilde Moisant. Eine frühe Fliegerin in den USA
Käthe Paulus. Deutschlands erste Luftschifferin
Thérèse Peltier. Die erste Flugzeugpassagierin der Welt
Harriet Quimby. Die erste Amerikanerin mit Flugschein
Bessica Medlar Raiche. Eine der ersten Fliegerinnen

in den USA
Barbara Allen Rainey. Die erste Marinepilotin der USA
Thea Rasche. The Flying Fräulein
Marina Raskowa. Eine fliegende „Heldin der Sowjetunion"
Wilhelmine Reichard. Die erste Ballonfahrerin in
Deutschland
Hanna Reitsch. Die Pilotin der Weltklasse
Sally Kristen Ride. Die erste Amerikanerin im Weltall
Swetlana Sawizkaja. Die erste Spaziergängerin im Weltall
Melitta Schenk Gräfin von Stauffenberg. Heldin mit
Gewissensbissen
Katherine Stinson und Marjorie Stinson. Die fliegenden
Schwestern
Kathryn Dwyer Sullivan. Rekordspaziergängerin im Weltall
Walentina Tereschkowa. Die erste Frau im Kosmos
Élisabeth Thible. Die erste Passagierin einer Montgolfière
Kathryn Thornton. Berühmte Spaziergängerin im Weltall
Sabine Trube. Die deutsche Düsenjet-Kommandantin
Beate Uhse. Deutschlands erste Stuntpilotin
Nancy Bird Walton. Australiens erste und jüngste
Verkehrspilotin

Bestellungen bei: www.grin.com

Bücher von Ernst Probst

Cortes und Malinche. Der spanische Eroberer und seine
indianische Geliebte
Der Schwarze Peter. Ein Räuber im Hunsrück und
Odenwald
Elisabeth I. Tudor. Die jungfräuliche Königin
Julchen Blasius. Die Räuberbraut des Schinderhannes
Frauen im Weltall
Königinnen der Lüfte von A bis Z
Königinnen der Lüfte in Deutschland
Königinnen der Lüfte in Frankreich
Königinnen der Lüfte in Amerika
Christl-Marie Schultes. Die erste Fliegerin in Bayern
(zusammen mit Theo Lederer)
Sturzflüge für Deutschland. Kurzbiografie der Testpilotin
Melitta Schenk Gräfin von Stauffenberg (zusammen mit
Heiko Peter Melle)
Tony und Bruno Werntgen. Zwei Leben für die Luftfahrt
(zusammen mit Paul Wirtz)
Königinnen des Films 1. Biografien berühmter
Schauspielerinnen von Lucie Ball bis zu Sophia Loren
Königinnen des Films 2. Biografien berühmter
Schauspielerinnen von Anna Magnani bis zu Mae West
Königinnen des Tanzes
Königinnen des Theaters
Machbuba. Die Sklavin und der Fürst
Malende Superfrauen
Maria Stuart. Schottlands tragische Königin

Meine Worte sind wie die Sterne. Die Entstehung der Rede
des Häuptlings Seattle (zusammen mit Sonja Probst,
verheiratete Sonja Werner)
Pocahontas. Die Indianer-Prinzessin aus Virginia
Pompadour und Dubarry. Die Mätressen von Louis XV.
Zenobia von Palmyra. Eine Frau kämpft gegen die Römer
Superfrauen 1 – Geschichte
Superfrauen 2 – Religion
Superfrauen 3 – Politik
Superfrauen 4 – Wirtschaft und Verkehr
Superfrauen 5 – Wissenschaft
Superfrauen 6 – Medizin
Superfrauen 7 – Film und Theater
Superfrauen 8 – Literatur
Superfrauen 9 – Malerei und Fotografie
Superfrauen 10 – Musik und Tanz
Superfrauen 11 – Feminismus und Familie
Superfrauen 12 – Sport
Superfrauen 13 – Mode und Kosmetik
Superfrauen 14 – Medien und Astrologie
Superfrauen aus dem Wilden Westen
Rekorde der Urzeit. Landschaften, Pflanzen und Tiere
Rekorde der Urmenschen. Erfindungen, Kunst und Religion
Dinosaurier von A bis K
Dinosaurier von L bis Z
Archaeopteryx. Die Urvögel aus Bayern
Das Moustérien. Die große Zeit der Neanderthaler
Das Rätsel der Großsteingräber. Die nordwestdeutsche
Trichterbecher-Kultur
Die ersten Bauern in Deutschland (Die
Linienbandkeramische Kultur (5500 bis 4900 v. Chr.)

Der Ur-Rhein. Rheinhessen vor zehn Millionen Jahren
Der Rhein-Elefant. Das Schreckenstier von Eppelsheim
Höhlenlöwen. Raubkatzen im Eiszeitalter
Löwenfunde aus Deutschland, Österreich und der Schweiz
Der Mosbacher Löwe. Die riesige Raubkatze aus Wiesbaden
Säbelzahnkatzen. Von Machairodus bis zu Smilodon
Der Höhlenbär
Monstern auf der Spur. Wie die Sagen über Drachen, Riesen
und Einhörner entstanden
Affenmenschen. Von Bigfoot bis zum Yeti
Seeungeheuer. 100 Monster von A bis Z
Der Ball ist ein Sauhund. Weisheiten und Torheiten
über Fußball (zusammen mit Doris Probst)
Worte sind wie Waffen. Weisheiten und Torheiten
über die Medien (zusammen mit Doris Probst)
Schweigen ist nicht immer Gold. Zitate von Ernst Probst
Weisheiten der Indianer

Bestellungen bei www.grin.com